Fortgeschrittene Dressur

Tips zur Fehlerkorrekur

von
Jane Wallace

Illustrationen von
Carole Vincer

CADMOS

Titel der Originalausgabe:
Jane Wallace, Solving Flatwork Problems
Threshold Picture Guide Nr. 25

Aus dem Englischen von Simone Wiemken

Cadmos Verlag, Lüneburg
Kavalkade Ratgeber Nr. 20
Für die deutschsprachige Ausgabe

Umschlagentwurf: Ravenstein Brain Pool
Druck: Westermann, Zwickau

Printed in Germany

ISBN 3-86127-224-5

Inhalt

Fortgeschrittene Dressur
Tips zur Fehlerkorrektur

Einführung

Bevor Sie sich daran machen, bei der Dressurarbeit auftretende Probleme lösen zu wollen, sollten Sie zunächst darüber nachdenken, was eigentlich das Ziel dieser Arbeit ist. Die Dressur soll das Pferd ins Gleichgewicht bringen und es durchlässig machen. Diese Durchlässigkeit, das heißt, die sofortige Befolgung aller reiterlichen Hilfen, ist auf dem Ausritt genauso wichtig wie auf dem Turnier. Wenn Probleme auftreten, sollten Sie sich zuerst fragen, warum, und danach überlegen, was zu tun ist, damit sie sich nicht wiederholen.

„Undurchlässig“ ist ein Wort, das leider häufig auf den Bewertungsbögen von Dressurturnieren zu finden ist. Pferde können sich den Hilfen ihrer Reiter auf die verschiedenste Weise entziehen, und es ist die Aufgabe der Reiter, sie so auszubilden, daß sie gehorchen, ohne sich zu widersetzen. Die Grundausbildung, wie sie in Band 6 dieser Reihe *Erste Dressurübungen* besprochen wird, soll das Pferd so weit bringen, daß es gehorsam und geschmeidig wird. Danach braucht es Zeit für den Aufbau der Muskeln, die für fortgeschrittene Übungen nötig sind.

Ein Pferd, dem die Arbeit leicht fällt, wird auch leicht auszubilden sein. Es gibt jedoch immer wieder Pferde, denen bestimmte Lektionen schwerfallen, was in der Regel durch ihren Körperbau bedingt ist. So wird ein vollkommen verbautes Pferd nie sein Gleichgewicht finden; eines mit hoher Knieaktion wird keinen starken Trab hinlegen können und ein Pferd mit einem tief angesetzten, kurzen Hals wird nur schwer aufzurichten sein.

Alles, was im Text über Pferde gesagt wird, gilt natürlich auch für Ponys – die Tips sind nicht von der Pferdegröße abhängig.

Wenn Ihr Pferd oder Pony besonders schwierig ist oder ein Problem immer wieder auftritt, sollten Sie sich an einen erfahrenen Reitlehrer wenden.

Verspannung und Erregbarkeit

Wenn ein Pferd verspannt ist, bedeutet das, daß es mit irgendetwas unzufrieden ist; vielleicht mit dem Reiter oder den von ihm gestellten Anforderungen, dem Sattel oder dem Gebiß. Vielleicht scheut es vor etwas oder ist einfach nur übermütig.

Ein übermütiges Pferd muß energisch vorwärtsgeritten werden (vielleicht mit einem Finger im Halsriemen, zur Sicherheit) und Aufgaben gestellt bekommen, die es von seinem Stallmut ablenken. Häufig regen sich Pferde besonders auf, wenn sie in fremder Umgebung sind, vielleicht, weil sie aus Erfahrung wissen, daß sie an einem solchen Ort rennen und springen müssen oder weil sie einfach nicht an plötzliche Ortswechsel gewöhnt sind.

In jedem Fall brauchen sie etwas Zeit, um sich zu beruhigen; bevor das nicht geschehen ist, sind sie zu keiner konzentrierten Mitarbeit fähig. Forsche Trab-und Galopparbeit sorgt dafür, daß das übermütige Pferd „Dampf abläßt“. Bei manchen Pferden hilft auch Ablongieren – aber sorgen Sie dafür, daß derjenige, der die Longe hält, auch über entsprechende Kräfte verfügt.

Ist das Pferd verspannt, muß die Ursache dafür ermittelt werden. Abhilfe schaffen vielleicht ein milderes Gebiß, ein anderer, den Pferderücken schonender Sattel oder das Einnehmen eines Entlastungssitzes.

Wenn sich der Zustand daraufhin nicht ändert, sollten Sie das Pferd vom Tierarzt untersuchen lassen.

Sehr entspannend wirkt das Reiten am langen Zügel, bei dem sich das Pferd vorwärtsabwärts dehnen soll. Sobald es körperlich entspannt ist, wird es sich auch geistig entspannen.

Achten Sie darauf, selbst ebenfalls möglichst unverkrampft mit Ihrem Pferd zu arbeiten.

NICHT VORWÄRTSGEHEN

Dieses Problem tritt bei allen frisch eingerittenen Pferden auf. Pferde müssen erst lernen, vorwärtszugehen, und sie brauchen einen Grund dafür.

Das Problem kann aber auch entstehen, weil das Pferd einfach faul ist, oder weil sein Reiter versucht, es nur mit Hilfe der Hand „an den Zügel zu stellen“. Hier liegt der Fehler eindeutig beim Reiter, denn er muß sein Pferd von hinten an die Hand heranreiten und darf nicht versuchen, durch sägende Bewegungen der Hände den Pferdekopf in eine bestimmte Haltung zu zwingen.

Ein gerade erst angerittenes Pferd lernt das Vorwärtsgehen am besten durch energisches Reiten und viele Ausritte in Gesellschaft anderer Pferde.

Pferde, die die treibenden Hilfen einfach ignorieren, werden zunächst mit einem leichten Schenkeldruck angetrieben. Gehen sie nicht sofort vorwärts, gibt man eine deutliche, scharfe Schenkelhilfe. Ignoriert das Pferd auch diese, muß ihm sogleich ein Klaps mit der Dressurgerte folgen. Nehmen Sie dafür immer die Hand vom Zügel, wenn Sie eine kürzere Gerte benutzen.

Manche Pferde reagieren allerdings besser auf Sporen. Sie sollten jedoch keine Dauerlösung sein, weil sie das Pferd abstumpfen und es nie schaden kann, auf einem Turnier über ein wirksames Hilfsmittel zu verfügen.

Reiten Sie Ihr Pferd immer an das Gebiß heran, aber vergessen Sie dabei nie, daß es das Pferd ist, das die Anlehnung suchen soll, nicht der Reiter. Sie sollten das Gefühl haben, das Tempo jederzeit variieren zu können, weil Ihr Pferd auf die leisesten Hilfen reagiert. Versuchen Sie, die Hilfen möglichst unsichtbar zu geben.

Das Pferd muß energisch ausschreiten und nicht schleichen wie ein Spielzeugsoldat, dessen Feder allmählich abläuft.

Faulheit

Manche Pferde und Ponys sind stinkfaul! Sie tun so, als verstünden sie die Hilfen ihrer Reiter nicht, was fast immer dazu führt, daß diese dann anfangen, wie wild mit den Beinen zu arbeiten. Nur allzu oft sieht man Reiter, die ihren Pferden bei jedem Schritt die Beine in die Seiten dreschen, ohne daß diese auch nur die geringste Notiz davon nehmen.

Manche Pferde wirken faul, obwohl sie tatsächlich nur untrainiert oder krank sind. Ein dickes Pferd, das von Weidegras lebt, hat selten denselben Vorwärtsdrang wie ein trainiertes, aufgestalltes Pferd. Fehlende Trainingskondition erzeugt Lethargie und Unwillen, sich anzustrengen. Wenn Sie das Gefühl haben, Ihr Pferd könnte krank sein, bitten Sie Ihren Tierarzt, es zu untersuchen und vielleicht auch Blut abzunehmen, für den Fall, daß es sich ein Virus eingefangen hat.

Wenn mangelndes Training die Ursache ist, muß das Pferd allmählich aufgebaut und mit energiereicherem Futter versorgt werden.

Ein von Natur aus faules Pferd muß lernen, den Schenkelhilfen zu gehorchen. Auch hier können Gerte und Sporen helfen, bis das Pferd gelernt hat, auf einen leichten Schenkeldruck zu beschleunigen.

Manche Pferde reagieren auf den Einsatz der Gerte mit einem empörten Ausschlagen. Das kann nicht geduldet werden, doch um es zu korrigieren, ist die Hilfe eines Fachmanns nötig. Er wird dem Pferd beibringen, die Gerte genauso zu respektieren wie die treibenden Schenkelhilfen.

Ein faules Pferd ist leichter zu reiten als ein hektisches. Es ist einfacher, ein faules Pferd munter zu machen als einen „Feuerstuhl“ zu beruhigen.

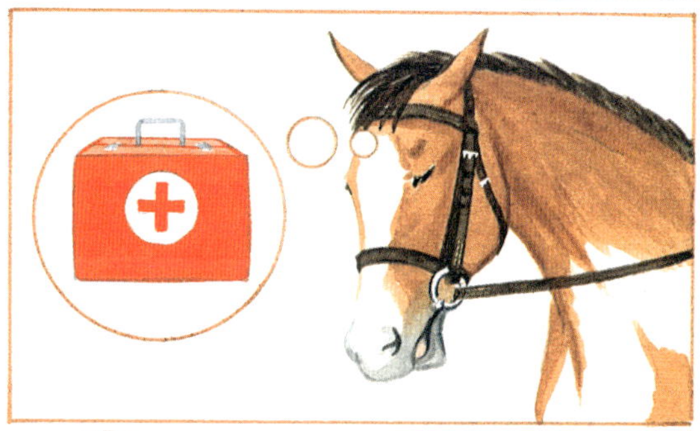

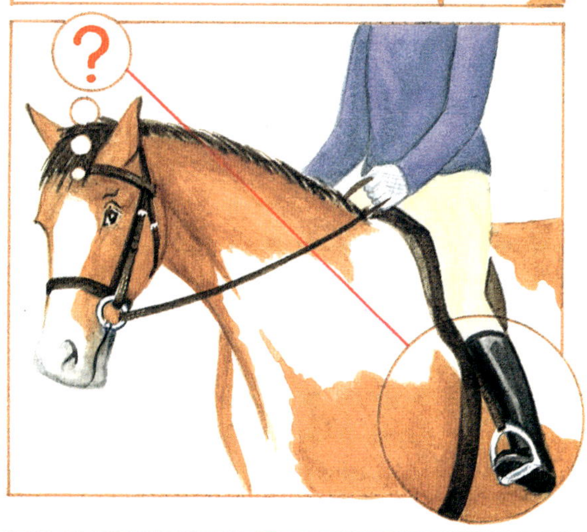

Schiefe

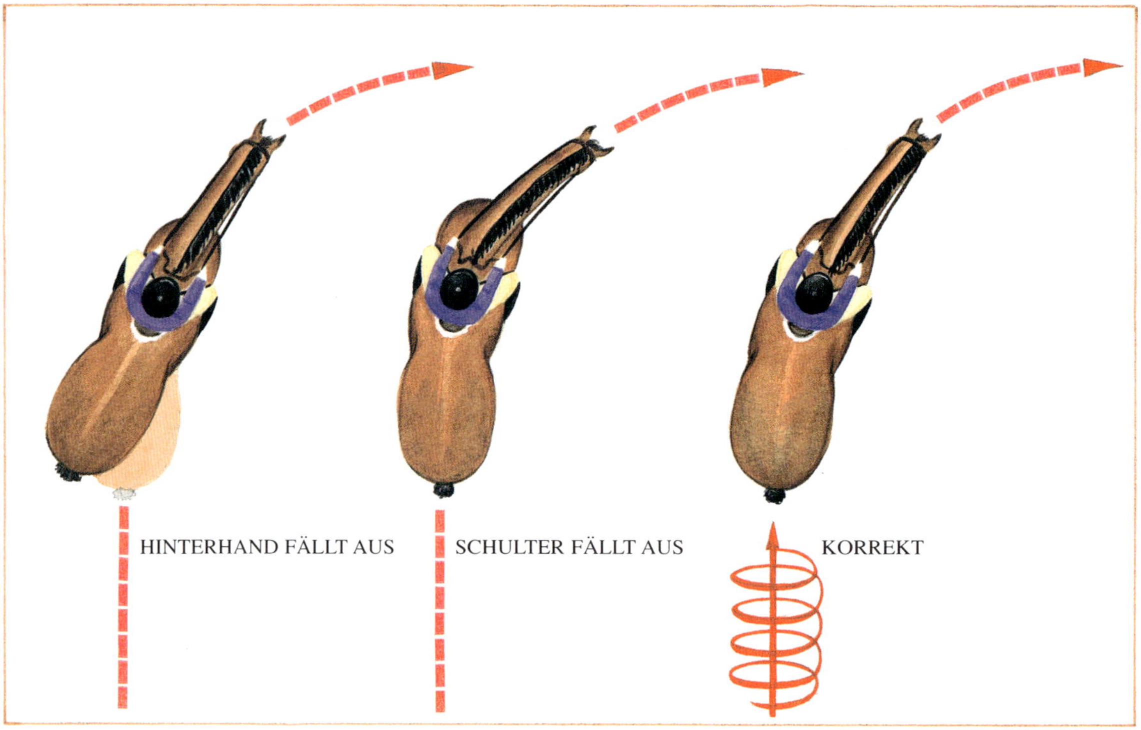

Ein Pferd ist geradegerichtet, wenn seine Hinterhufe genau der Spur der Vorderhufe folgen. Die Pferdehufe sind mit den Rädern einer Spielzeugeisenbahn zu vergleichen – wenn eines neben die Schiene gerät, entgleist der Zug.

Um auch in Wendungen geradegerichtet zu bleiben, muß das Pferd seinen Körper biegen. Tut es das nicht, schwingt in der Wendung die Hinterhand nach außen oder das Pferd drängt über die Schulter nach außen. Aber auch auf geraden Linien gehen viele Pferde schief.

Auf dem Reitplatz oder in der Halle helfen Zaun oder Bande, das Pferd geradezuhalten, doch auf freiem Feld ist das Geraderichten schwierig.

Pferde, die ständig schief gehen, haben möglicherweise ein Rückenproblem, das vom Tierarzt untersucht werden sollte.

Die natürliche Schiefe des Pferdes fällt besonders im Galopp auf; statt mit den Hinterbeinen unter den Schwerpunkt zu springen, wirft ein schiefes Pferd die Hinterhand bei jedem Galoppsprung zur Seite.

Auch auf der Mittellinie ist die Schiefe des Pferdes nicht zu übersehen, vor allem beim Anhalten im Mittelpunkt. Korrigiert wird dieser Fehler durch das Einrichten der Vorhand auf die Hinterhand, nie andersherum.

Energischeres Reiten trägt ebenfalls dazu bei, das Pferd geradezurichten; ähnlich wie beim Fahrradfahren – wenn man schneller in die Pedale tritt, hört das Rad auf zu wackeln. Pferde müssen zwar lernen, seitwärtstreibende Hilfen anzunehmen, doch grundsätzlich wirken die Schenkelhilfen vorwärtstreibend. Die Hilfen für die Seitengänge müssen sich deutlich von ihnen unterscheiden.

Kurze Gänge

Manche Pferde haben von Natur aus einen besseren Bewegungsablauf als andere. Pferde, die beim Freilaufen oder an der Longe weiter ausgreifen als unter dem Reiter, treten beim Reiten nicht genug unter und laufen auf der Vorhand.

Diese kurzen Gänge entstehen, wenn das Pferd nicht genug vorwärtsgeht oder vom Reiter zu sehr festgehalten wird. Dadurch läuft es untaktmäßig und tritt nicht an das Gebiß heran.

Möglicherweise ist es verspannt, aufgeregt oder hat Schmerzen im Rücken oder im Maul. Bei sehr hartem Boden tun ihm vielleicht auch die Hufe weh, so daß es nicht wagt, richtig auszuschreiten. Wenn das Problem immer wieder auftritt, sollte der Tierarzt kommen.

Zur Lösung des Problems muß das Pferd stärker vorwärtsgeritten werden. Außerdem muß es so gymnastiziert werden, daß es selbst in Wendungen nicht mehr aus dem Takt kommt.

Je beweglicher das Pferd wird, desto lockerer wird sein Bewegungsablauf. Bei einem steifen Pferd tritt das Problem in jeder Gangart auf. Um es zu lösen, ist das Reiten am langen Zügel zu empfehlen.

Viele Volten und Handwechsel regen das Pferd dazu an, mit den Hinterbeinen unter seinen Schwerpunkt zu treten. Beim Reiten ist auf eine leichte Zügelführung zu achten, damit das Pferd sich nicht festgehalten fühlt und wieder seine Schritte verkürzt.

In den meisten Fällen ist jedoch das mangelnde Gleichgewicht Schuld an den kurzen Gängen. Wenn ein Pferd nicht im Gleichgewicht ist, arbeitet seine Hinterhand nicht mit, und es trägt den größten Teil der Last auf der Vorhand.

Mangelndes Gleichgewicht verkürzt die Tritte

Bei körperlichen Problemen muß der Tierarzt kommen

Undurchlässigkeit

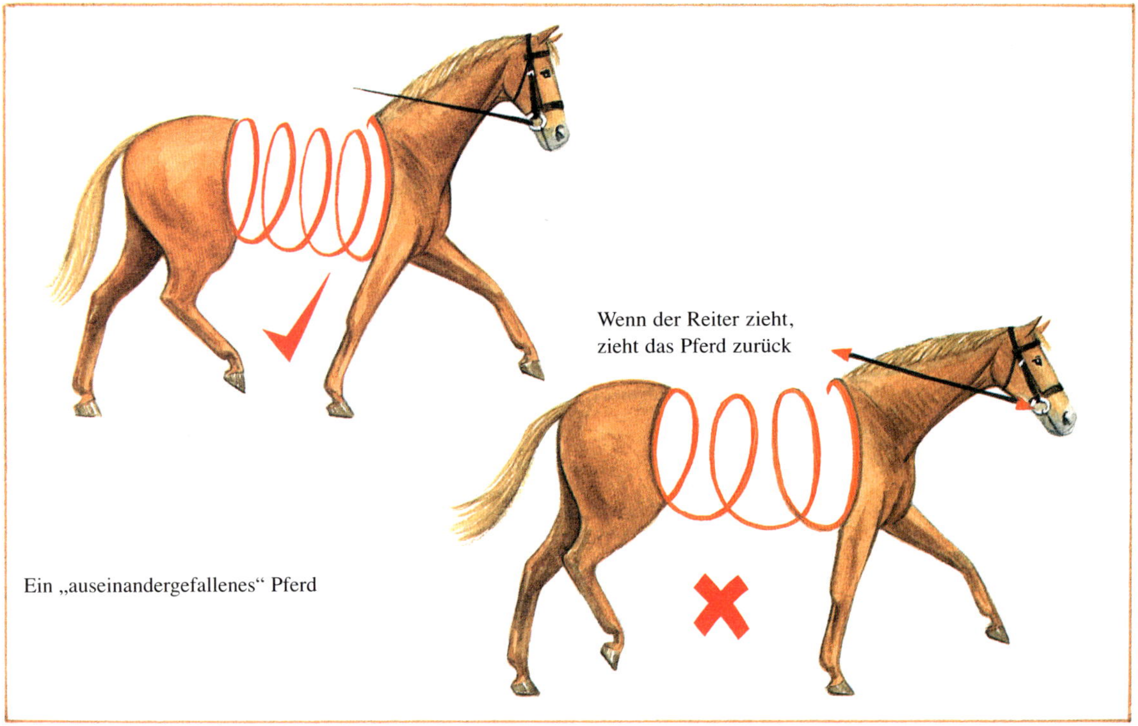

Halbe Paraden dienen dazu, die Vorhand des Pferdes zu entlasten, und es mit der Hinterhand tiefer unter den Körper treten zu lassen. Ein Pferd, das undurchlässig ist, wird diese Aufforderung jedoch nicht zur Kenntnis nehmen.

Manche Pferde sind von Natur aus im Gleichgewicht und nehmen von sich aus eine schöne Haltung ein. Alle anderen erfordern mehr Arbeit, bis sich dieses Ergebnis einstellt. Der Reiter muß lernen, den Schwung, den er mit seinen treibenden Hilfen erzeugt, durch halbe Paraden wieder abzufangen, denn sonst kommt er nie weiter, und sein Pferd wird weiterhin auf der Vorhand laufen.

Häufiges Üben der halben Paraden und viele Tempowechsel tragen dazu bei, dieses Problem zu lösen. Die Tempowechsel lehren das Pferd, im Gleichgewicht zu bleiben, ohne sich an der Hand des Reiters abstützen zu müssen.

Beim Übergang zu einer niedrigeren Gangart schließt der Reiter die Beine, richtet sich im Sattel auf und schließt dann die Fäuste. Wenn das Pferd nicht reagiert, bleibt der Sitz unverändert, doch die Zügelhilfen werden verstärkt. Auf keinen Fall am Zügel ziehen – sobald Sie am Zügel ziehen, zieht Ihr Pferd zurück.

Bei sturen Pferden muß die halbe Parade eventuell mehrfach wiederholt werden. Auch hier die Beine schließen, mit der Hand kurz gegenhalten und sofort wieder loslassen, wenn das Pferd reagiert.

Bei Pferden, die einfach zu stark für ihre Reiter sind, kann ein anderes Reithalfter oder ein schärferes Gebiß Abhilfe schaffen. Das gilt vor allem für ältere Pferde, die gewohnheitsmäßig gegen die Hand gehen.

Steifheit

Nur ein gelöstes Pferd kann sich in Wendungen biegen. Steife Pferde, die ihre Rückenmuskeln festhalten, lassen sich nicht biegen und sind damit auch nicht in der Lage, bestimmte Lektionen auszuführen. Das macht sich schon beim Durchreiten von Ecken bemerkbar: Ein Pferd, das sich nicht biegt, wird versuchen, die Ecke abzuschneiden.

Diese Steifheit des Rückens ist in mangelndem Training begründet oder in einem körperlichen Problem. Pferden mit einem kurzen Rücken fällt es meistens schwerer, sich zu biegen, als solchen mit längerem Rücken.

Nur fortgesetztes Gymnastizieren macht das Pferd so locker und gelöst, wie wir es von einem guten Reitpferd erwarten. Vor Beginn der Dressurarbeit muß es langsam warmgeritten werden und nach der Stunde Zeit bekommen, sich wieder abzukühlen. Wer diese Grundregel mißachtet, riskiert Muskelschäden bei seinem Pferd.

Bei einem steifen Pferd treten gewöhnlich noch andere Probleme auf, die im Zusammenhang mit seiner Steifheit stehen, zum Beispiel Taktunregelmäßigkeiten oder das Laufen auf der Vorhand.

Ein Pferd beweglicher zu machen, dauert seine Zeit. Biege- und Dehnübungen wie Zirkel, Handwechsel, Schlangenlinien, Zirkelverkleinern und -vergrößern, Übergänge, Schulterherein und das Traben über Stangen tragen dazu bei, seine Rückenmuskeln aufzubauen. Die einzelnen Übungseinheiten dürfen jedoch nie zu lange dauern. Wenn das Pferd müde wird, verschlimmert sich sein Rückenproblem. Wichtig ist auch der Sitz des Reiters – beim Leichttraben weich einsitzen, und auf das Aussitzen verzichten, bis die Rückenmuskeln spürbar kräftiger geworden sind.

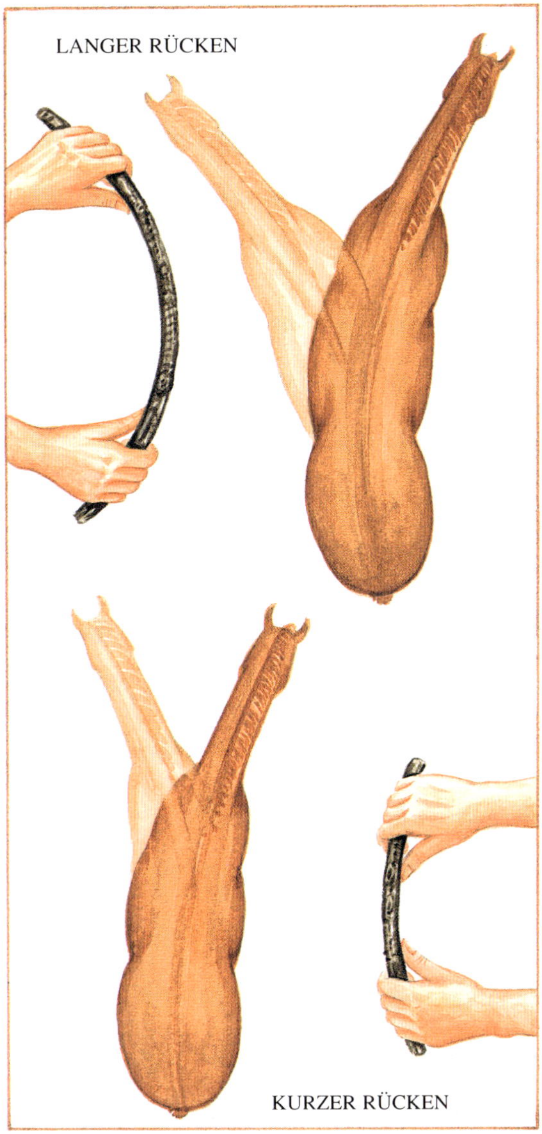

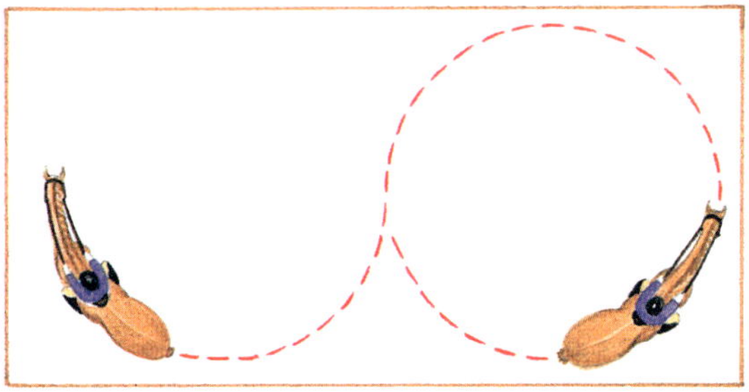

Über die Schulter gehen

Statt geradegerichtet in Wendungen zu gehen (wobei die Hinterhufe der Spur der Vorderhufe folgen), biegt sich das Pferd nicht um den inneren Schenkel und läuft mit Vorder- und Hinterhufen auf verschiedenen Spuren. Die Ursachen hierfür können mangelnde Gymnastizierung, aber auch plötzliches Scheuen sein. Im ersteren Fall muß das Pferd lernen, sich um den inneren Schenkel zu biegen.

Nur allzu oft sieht man Ponys in Dressurprüfungen in Außenstellung um die Kurven schießen, wobei sie natürlich aus dem Gleichgewicht und aus dem Takt geraten.

Beim Reiten von Wendungen ist es besonders wichtig, daß das Pferd im Gleichgewicht bleibt. Dazu muß es mit dem inneren Hinterbein vermehrt Gewicht aufnehmen. Das geht nicht unvorbereitet. Der Reiter muß schon am letzten Bahnpunkt vor der Ecke anfangen, vom Pferd eine Biegung zu verlangen. Mit der inneren Hand fordert er die Stellung, und treibt mit dem inneren Schenkel das innere Hinterbein tiefer unter den Schwerpunkt. Der äußere Zügel begrenzt die äußere Schulter und läßt die geforderte Stellung des Halses zu, und der äußere Schenkel verhindert das Ausfallen der Hinterhand. Die aktiveren Hilfen sind jedoch die inneren – die äußeren dienen nur zur Begrenzung.

Wenn das Pferd trotz dieser eindeutigen Hilfengebung die Ecke abschneidet, kann es mit der seitlich abgestellten äußeren Hand in die Wendung geführt werden. Das Pferd wird auch dabei vor der Ecke gebogen, dann aber mit der Richtung Bande abgespreizten äußeren Hand in die Ecke geleitet. Auf diese Weise geritten, kann es die Ecke nicht abkürzen. Diese Maßnahme wird zwar helfen, doch das endgültige Ziel ist ein Pferd, das dem inneren Schenkel gehorcht.

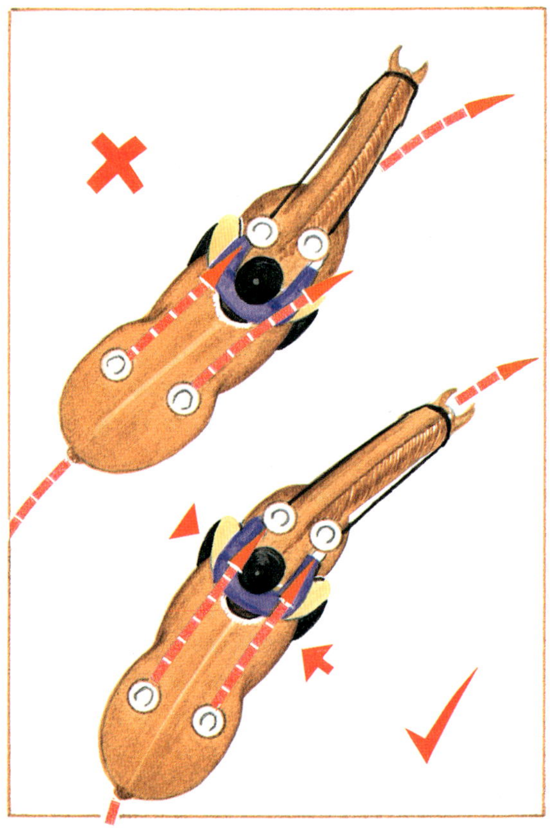

Einseitigkeit

Die meisten Pferde lassen sich auf einer Hand besser reiten als auf der anderen. Die Ursache für die vermeintliche Hartmäuligkeit auf der schlechten Seite ist in der Hinterhand zu suchen. Wie gut ein Pferd sich biegen läßt, hängt von der Beweglichkeit seiner Rückenmuskeln ab, aber auch davon, wie weit es mit dem inneren Hinterbein unter den Schwerpunkt tritt.

Ein Pferd, das Schmerzen oder auch nur eine Schwäche in einem Hinterbein hat, wird auf dieser Seite auch ein hartes Maul haben. Auch Rückenprobleme machen sich auf diese Weise bemerkbar.

Eine weitere Ursache können Zahnschmerzen sein. Vielleicht haben sich auf den Backenzähnen scharfkantige Haken gebildet, die abgeraspelt werden müssen, oder das Pferd hat Wolfszähne*, die gezogen werden müssen. Lassen Sie die Zähne Ihres Pferdes alle sechs Monate vom Tierarzt kontrollieren.

Auch ein wundes Maul oder ein eingerissener Maulwinkel führt zu Einseitigkeit. Da Pferde stets versuchen, vor Schmerzen davonzulaufen, werden sie sich weigern, zu der Seite zu gehen, an der sie den Schmerz empfinden.

Im Falle einer Maulverletzung sollte das Pferd eine Zeitlang nur longiert oder gebißlos geritten werden.

Es ist wichtig, daß der Reiter merkt, wie einseitig sein Pferd ist, denn wenn er nichts dagegen unternimmt, wird das Pferd sich auch in Zukunft von dem einen Zügel tragen lassen. Außerdem kann ein einseitiges Pferd seinen Reiter dazu verleiten, mit der einen Hand gewohnheitsmäßig viel härter einzuwirken.

Konzentrieren Sie sich auf Biegeübungen, vor allem auf der schlechten Seite, aber überanstrengen Sie Ihr Pferd dabei nicht.

Auf der guten Seite reagiert das Pferd besser auf die Zügelhilfen als auf der schlechten.

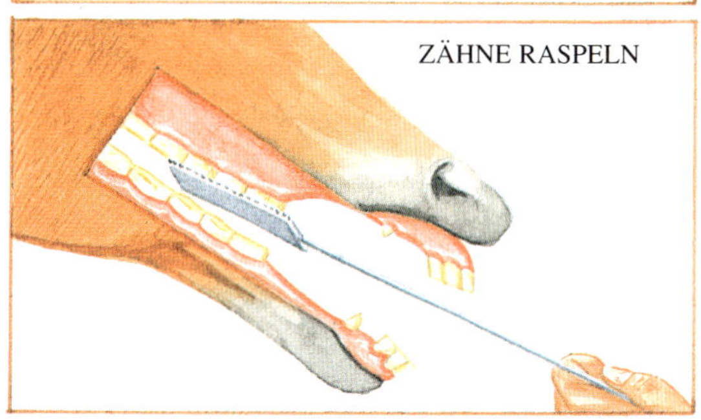

ZÄHNE RASPELN

* Wolfszähne sind kleine Zähne mit flachen Wurzeln, die manchmal vor den oberen und selten auch den unteren Backenzähnen auftreten und die Wirkung der Trense beeinträchtigen.

Auf der Vorhand

Wenn ein Pferd auf der Vorhand geht, stützt es sich schwer auf die Zügel, statt die Hauptlast seines Gewichtes mit den Hinterbeinen zu tragen. Der Reiter hat das Gefühl, als trüge er das Gewicht des Pferdekopfes in den Händen – und genau das tut er.

Um die Vorhand zu entlasten, muß die Hinterhand sich senken. In dieser Hinsicht ist das Pferd mit einem Waagebalken zu vergleichen. Die meisten Pferde brauchen lange, bis sie gelernt haben, sich mit ihrem Reiter auszubalancieren und in der Lage sind, sich selbst zu tragen, anstatt sich vom Zügel tragen zu lassen.

Junge Pferde gehen anfangs immer auf der Vorhand. Bei ihnen muß der Reiter besonders aufpassen, ihnen nicht den Zügel als „fünftes Bein" anzubieten. Im Laufe der Ausbildung wird das Pferd lernen, sein Gewicht mehr und mehr auf die Hinterhand zu verlagern.

Ältere Pferde, die sich angewöhnt haben, auf der Hand zu liegen, müssen umgeschult werden. Hierbei helfen Übungen, die die Hinterhand aktivieren, z.B. Übergänge, halbe Paraden, Wendungen, Zirkel und die Arbeit über Trabstangen. Wenn das Pferd bei diesen Übungen versucht, sich wieder auf den Zügel zu legen, helfen ein paar kräftige halbe Paraden. Eventuell wird auch ein Wechsel des Gebisses notwendig sein. Relativ starre Gebisse wie das Olivenkopfgebiß oder die D-Trense sind nicht zu empfehlen, doch eine einfache Wassertrense, vielleicht auch eine mit mittlerer Rolle, verhindert, daß sich das Pferd wieder auf dem Gebiß festmacht. Es muß lernen, daß der Reiter nicht bereit ist, diese Unart noch länger zu dulden.

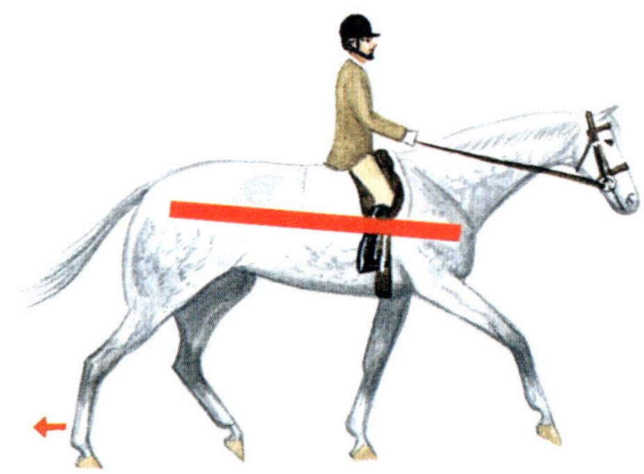

Das Pferd muß ins Gleichgewicht gebracht werden und sein Gewicht auf die Hinterhand verlagern, damit die Vorhand entlastet wird

Hinter dem Zügel

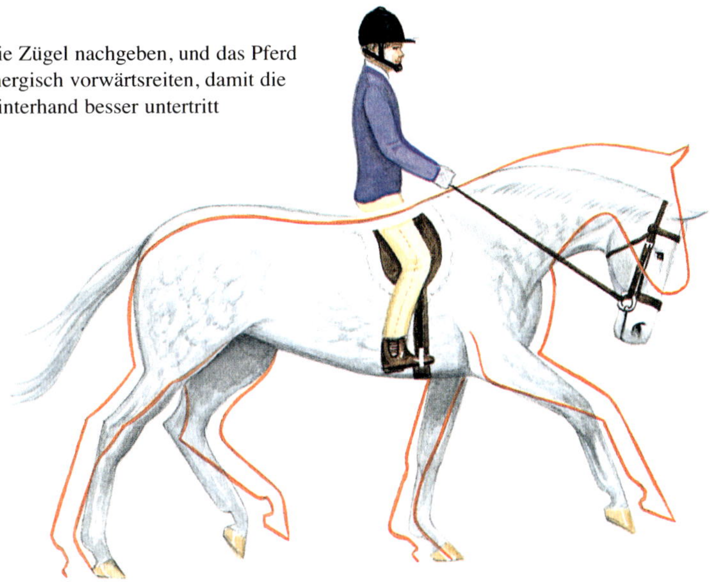

Die Zügel nachgeben, und das Pferd energisch vorwärtsreiten, damit die Hinterhand besser untertritt

Hinter dem Zügel geht ein Pferd, wenn seine Nasenlinie hinter der Senkrechten steht. In dieser Haltung gibt es entweder die Zügelanlehnung auf, oder es beginnt zu ziehen. Beides ist darin begründet, daß die Hinterhand nicht genügend trägt. Manchmal ist es auch die harte Hand des Reiters, die den Pferdekopf hinter die Senkrechte zwingt. Wenn er nicht im selben Augenblick nachgibt, in dem das Pferd es auch tut, kommt es hinter den Zügel.

In jedem Fall muß der Reiter die Zügel nachgeben und das Pferd energisch vorwärtsreiten. Er muß es ermuntern, sich in die Anlehnung hineinzudehnen. Hierfür ist die Arbeit am langen (nicht hingegebenen) Zügel zu empfehlen. Nie vergessen, daß es das Pferd ist, das die Anlehnung suchen soll, nicht der Reiter. Wer diesen Grundsatz immer im Hinterkopf behält, dürfte nicht in den Fehler verfallen, mit harter Hand zu reiten.

Ein Pferd, das hinter dem Zügel geht und dabei schwer zu halten ist, ist schwieriger zu kurieren. Die Zügel nachgeben, die Beine zumachen und dann auch die Fäuste wieder schließen. Mit einer ganzen Reihe dieser Paraden sollte es dem Reiter gelingen, einen Teil des Gewichts auf die Hinterhand zu verlagern.

Empfindliche Pferde neigen eher dazu, hinter dem Zügel zu gehen, als schwerere, dickfelligere Tiere. Am schwersten ist ein Pferd zu korrigieren, das hinter dem Zügel geht und keinerlei Anlehnung nimmt. Man kann ein Pferd nicht dazu zwingen, diese Anlehnung zu suchen, doch bevor das nicht der Fall ist, hat man es nie sicher zwischen Zügel und Schenkel.

Oft ist es schwer zu fühlen, ob ein Pferd hinter dem Zügel geht oder nicht, deshalb sollte gelegentlich jemand zuschauen und Tips geben.

Gegen die Hand

Pferde gehen aus den verschiedensten Gründen gegen die Zügelhilfen ihrer Reiter an. Vielleicht sind sie einfach nur lebhaft und übereifrig, oder sie versuchen, vor Schmerzen davonzulaufen. Auch Pferde, die nicht im Gleichgewicht sind und sich auf die Zügel legen, geben dem Reiter das Gefühl, daß sie gegen die Hand gehen, doch tatsächlich benutzen sie die Zügel nur als Stütze, weil sie auf der Vorhand laufen.

Die Verlockung, einem Pferd, das sich schwer auf den Zügel legt, einen kräftigen Ruck ins Maul zu versetzen, ist groß, doch meistens zeigt diese Maßnahme keine Wirkung. Sie wird das Pferd höchstens aufregen, was die Situation noch verschlimmert. Ein altes Sprichwort sagt „Zum Ziehen gehören immer zwei". Wenn Sie also zurückziehen, entsteht ein Teufelskreis.

Aufgeregte Pferde hören auf, am Zügel zu zerren, sobald sie sich beruhigt haben. Pferde, die gewohnheitsmäßig im Zügel hängen, müssen durch eine Reihe von halben Paraden und vielen Übergängen dazu gebracht werden, ihr Gewicht auf die Hinterhand zu verlagern, wodurch die Zieherei ein Ende hat.

Das Pferd wird vermutlich versuchen, die halben Paraden zu ignorieren, also: Beine zumachen und die Fäuste schließen, bis das Pferd reagiert. Erst dann wird wieder nachgegeben. Diese Übung muß so oft wiederholt werden, bis das Pferd verstanden hat, was ziemlich lange dauern kann.

Manche Pferde legen sich auf das Gebiß und stürmen los, weil sie Schmerzen im Rücken oder im Maul haben. Bei ihnen kann vielleicht ein milderes Gebiß Abhilfe schaffen. Auf jeden Fall sollte der Tierarzt Rücken und Maul des Tieres untersuchen.

Lassen Sie sich nie auf einen Ziehkampf mit Ihrem Pferd ein – Sie wollen schließlich reiten und nicht wasserskilaufen!

Gegen die Hand gehen Pferde aus Gehlust ...

... oder vor Schmerzen

Weggedrückter Rücken

Die Muskeln der Oberlinie müssen gedehnt werden, damit das Pferd die Hinterhand weiter unter den Körper setzen kann.

Ein Pferd, das den Rücken wegdrückt, geht gleichzeitig über dem Zügel. Wenn es längere Zeit so geritten wird, entwickeln sich seine Muskeln an den falschen Stellen. Die Oberlinie, also der Oberhals, der Rücken und die Hinterhand sind schwach bemuskelt, wogegen der Unterhals immer stärker wird. Das ist ein Zeichen für eine fehlerhafte Ausbildung, wenn auch der Körperbau mancher Pferde diesen Fehler begünstigt.

Die zusammengezogenen Muskeln der Oberlinie müssen gedehnt werden, damit das Pferd mit der Hinterhand weiter unter den Körper treten kann. Es dauert lange und bedarf vieler lösender Lektionen, bis das Pferd so weit ist, seinen Rücken herzugeben.

Dabei helfen einfache Übungen wie Zirkel, Schlangenlinien, Übergänge und das Traben über Stangen, vorwärts-abwärts am langen Zügel geritten.

Nicht vergessen, daß ein Pferd, das lange Zeit „verkehrt herum" geritten wurde, nicht daran gewöhnt ist, den Rücken aufzuwölben. Wie jeder Sportler braucht es Zeit, sich an die veränderte Belastung zu gewöhnen; Sie sollten also nicht zuviel auf einmal von ihm verlangen, denn andernfalls könnte es zu einer Schädigung der Rückenmuskeln kommen, die das Pferd veranlaßt, den Rücken noch stärker wegzudrücken als zuvor.

Ein weggedrückter Rücken ist ein schwacher Rücken, der natürlich verletzungsanfälliger ist. Ein Pferd, das in der Dressur den Rücken wegdrückt, wird das auch beim Springen tun, was seine Vorderbeine extrem belastet. Probleme wie dieses sollten bei der Ausbildung des jungen Pferdes von vornherein vermieden werden.

Verschieben des Unterkiefers

Pferde schieben den Unterkiefer zur Seite, um der Wirkung des Gebisses auszuweichen. Auf diese Weise wollen sie dem Druck entgehen, den das Gebiß auf den Unterkiefer ausübt. Wenn kein Druck vorhanden ist, bleibt das Maul geschlossen, und das Problem tritt nicht auf.

Wenn das Pferd den Unterkiefer schon beim Auftrensen von einer Seite zur anderen schiebt, ist ihm vermutlich das Gebiß unangenehm. In diesem Fall sollten Sie andere ausprobieren, bis Sie eines gefunden haben, das ihm gefällt. Manche Pferde hassen die Nußknackerwirkung der Wassertrense und bevorzugen ein doppelt gebrochenes Trensengebiß.

Auch Schmerzen im Maul, verursacht durch scharfkantige Zahnhaken, können dazu führen, daß sich das Pferd gegen das Gebiß wehrt. Diese Möglichkeit muß ausgeschlossen werden, bevor Sie anfangen, mit Gebissen zu experimentieren.

Jeder Widerstand im Maul hat seine Ursache in der Hinterhand. Wenn das Pferd auf die Vorhand gerät, wird die Anlehnung automatisch stärker, was ihm unangenehm ist. Arbeitet das Pferd aber konsequent auf der Hinterhand, bleibt die Anlehnung gleichmäßig leicht.

Lösende und versammelnde Lektionen setzen das Pferd vermehrt auf die Hinterhand. Zusätzlich hindert ein Hannoversches, Mexikanisches oder Englisches Reithalfter mit Zusatzriemen das Pferd am Aufsperren des Mauls (es sollte aber nicht dazu verwendet werden, ihm das Maul zuzuschnüren). Ein solches Reithalfter ist jedoch nur als eine Art Hilfszügel zu betrachten und sollte wieder entfernt werden, sobald das Pferd seine Lektion gelernt hat.

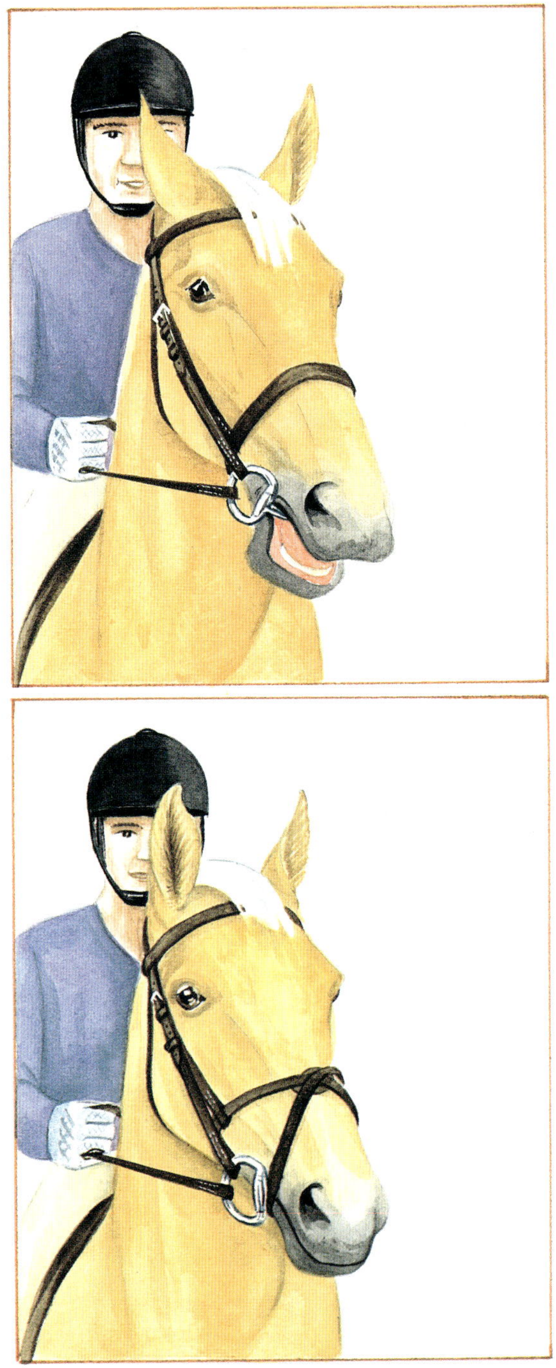

Ein Wechsel des Reithalfters kann helfen

Falscher Galopp

Manche Pferde springen auf einer Seite immer wieder im falschen Galopp an. Sie müssen besonders eindeutige Hilfen bekommen und auf das Angaloppieren gut vorbereitet werden. Um aus dem (ausgesessenen) Trab anzugaloppieren, gibt man vor der Ecke eine halbe Parade, biegt das Pferd nach innen, sitzt vermehrt auf dem inneren Gesäßknochen, legt den äußeren Schenkel verwahrend hinter den Gurt und treibt das Pferd mit dem inneren Schenkel an.

Wenn es daraufhin einfach nur schneller trabt, wird es mit halben Paraden gebremst und die Galopphilfe wiederholt – diesmal etwas energischer. Wenn es wieder falsch angaloppiert, reißen Sie nicht entnervt am Zügel – parieren Sie es durch und versuchen Sie es erneut.

Ein Pferd, das falsch angaloppiert, fällt über die äußere Schulter aus. Das muß der äußere Zügel verhindern. Eine Möglichkeit ist es, einen Handwechsel von der guten zur schlechten Seite vorzunehmen und im Moment des Umstellens anzugaloppieren.

Im Gelände ist es leichter, das richtige Angaloppieren zu üben, denn dort können Sie stärker vorwärtsreiten. Außerdem können Sie sich gewundene Wege zunutze machen, auf denen das Pferd fast wie von selbst richtig anspringt. Oft hilft im Augenblick des Angaloppierens auch ein leichter Schlag mit der Gerte auf das äußere Hinterbein, denn es ist das erste, das vom Boden abhebt. Wenn das Ausfallen der Schulter das Hauptproblem ist, kann die Gerte auch hier eingesetzt werden.

Lehnen Sie sich nicht zu einer Seite, denn dadurch bringen Sie Ihr Pferd aus dem Gleichgewicht.

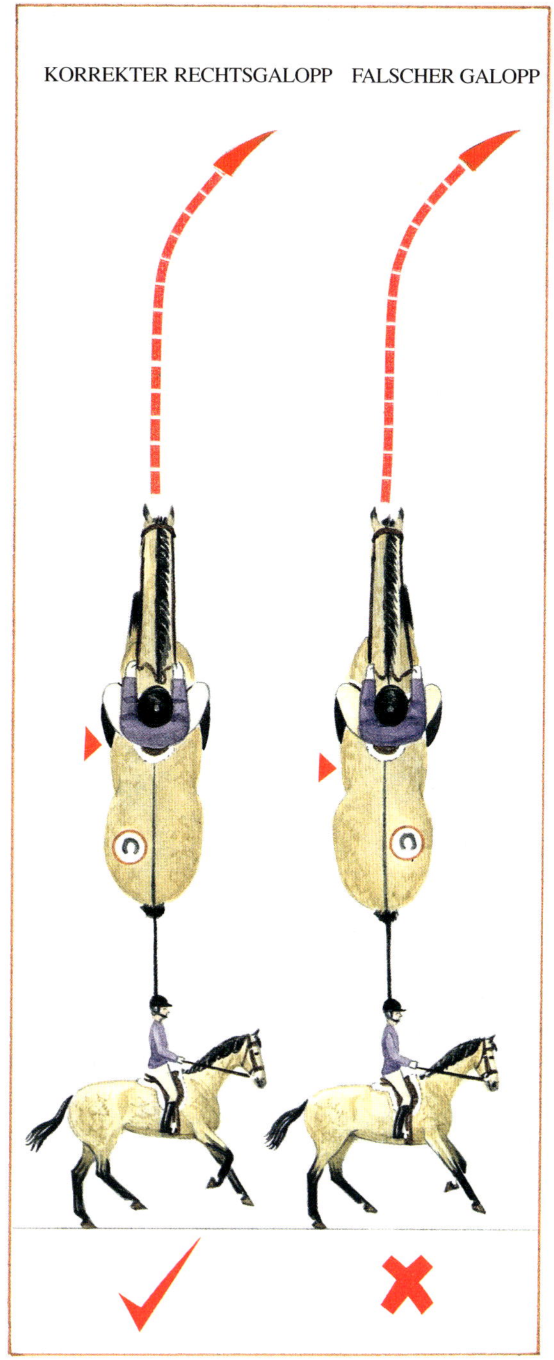

Die Fußfolge beginnt mit dem äußeren Hinterbein

Galopp im Viertakt

Der Galopp ist eine Gangart im Dreitakt. (Viertaktig wird der Galopp erst im Renntempo.) Wenn im langsamen Galopp vier Hufschläge zu hören sind, liegt das daran, daß das Pferd nicht mehr mit dem diagonalen Beinpaar auffußt, sondern erst mit dem äußeren Vorderbein und dann mit dem inneren Hinterbein. Dadurch geht die fließende Galoppbewegung verloren, das Pferd fühlt sich steif an und ist schwer zu sitzen.

Der Grund dafür ist, daß es nicht genügend mit der Hinterhand untertritt und zu wenig vorwärtsgeht. Manche Pferde neigen von Natur aus zu diesem Vierschlaggalopp, doch in den meisten Fällen ist der Reiter schuld, der zuviel bremst und zu wenig treibt. Korrigieren läßt sich der Vierschlaggalopp nur durch energisches Vorwärtsreiten. Es empfiehlt sich, dabei den leichten Sitz einzunehmen, weil das verminderte Gewicht auf dem Rücken das Pferd dazu veranlaßt, seine Muskeln zu lockern und mit der Hinterhand tiefer unterzusetzen.

Sobald das Pferd sicher dreitaktig galoppiert, können einige Tempowechsel verlangt werden, doch sobald sich der Takt ändert, muß sofort wieder vorwärtsgeritten werden.

Wichtig ist dabei die leichte und gefühlvolle Zügelführung. Jedes Ziehen am Zügel wird den Takt stören und ist wahrscheinlich auch die Ursache des Problems.

Der Vierschlaggalopp ist nur schwer zu korrigieren, denn das Pferd wird immer dazu neigen, in seinen alten Fehler zurückzufallen.

Kreuzgalopp

Der Kreuzgalopp ist ein Zeichen dafür, daß das Pferd nicht im Gleichgewicht ist. Er ist ausgesprochen unbequem für den Reiter und sollte sofort korrigiert werden. Manche Pferde korrigieren ihren Fehler selbst, doch wenn sie es nicht tun, muß der Reiter für die Korrektur sorgen. Die wenigsten Pferde galoppieren im Kreuzgalopp an; meistens springen sie während des Galoppierens mit der Hinterhand um. Das passiert, wenn das äußere Hinterbein nicht weit genug untertritt oder wenn die Hinterhand zu einer Seite ausfällt. Oft ist der Grund auch ein mißglückter fliegender Wechsel, bei dem das Pferd nur vorn umspringt statt vorn und hinten gleichzeitig. Ein Pferd, das die Hinterbeine nicht weit genug untersetzt, kann hinten nicht umspringen und muß zwangsläufig im Kreuzgalopp landen.

Wenn Ihr Pferd Kreuzgalopp geht, haben Sie zwei Möglichkeiten. Die sinnvollere ist, zum Trab durchzuparieren und neu anzugaloppieren. Die andere ist, energisch vorwärtszureiten, in der Hoffnung, daß das Pferd dadurch seine Beine „sortiert". Manche Pferde springen gewohnheitsmäßig hinten um, was meistens daran liegt, daß eines ihrer Hinterbeine schwächer ist als das andere und daß es ihnen schwer fällt, mit ihm das Gewicht aufzunehmen.

Der äußere Schenkel muß verhindern, daß die Hinterhand nach außen schwingt. Die Galoppreprisen sollten nicht zu lange dauern. Lieber kurze Strecken galoppieren, als ein Umspringen riskieren. Wenn das Pferd durch längere Galopparbeit ermüdet, wird es mit Sicherheit umspringen. Zu empfehlen ist das Reiten im leichten Sitz, denn es entlastet den Pferderücken.

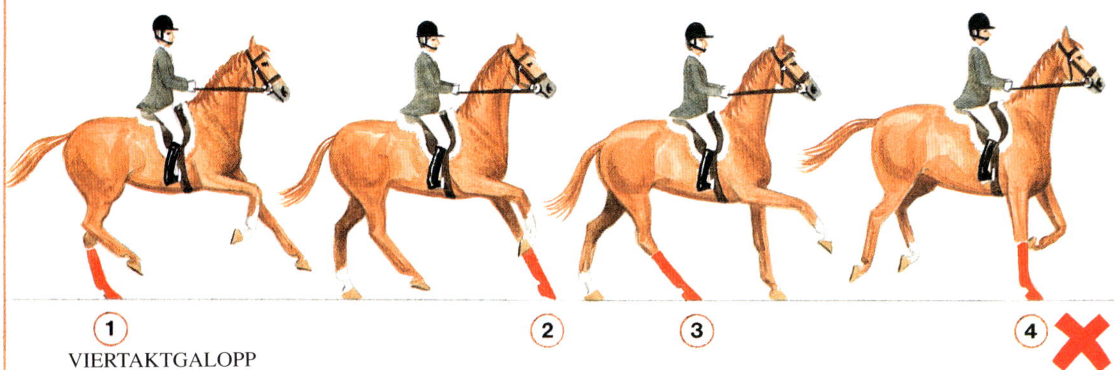

VIERTAKTGALOPP

DREITAKTGALOPP

KREUZGALOPP

Scheuen

Manche Pferde sind einfach schreckhafter als andere. Junge Pferde sind besonders mißtrauisch, bis sie gelernt haben, daß scheinbar bedrohliche Gegenstände ihnen nichts tun. Aber auch einige ältere Pferde verlieren nie ihre Furcht vor den alltäglichsten Gegenständen. Das ist von Pferd zu Pferd verschieden.

Manche Pferde benutzen das Scheuen, um sich vor der Arbeit zu drücken, und scheinen das Ganze für ein Spiel zu halten, vor allem, wenn sie merken, daß ihr Reiter sich darüber aufregt. Das darf jedoch nicht passieren. Wenn Sie sich so darüber ärgern, daß Sie womöglich sogar die Beherrschung verlieren, wird sich Ihr Pferd noch mehr verspannen und sich nicht nur vor dem gefährlichen Gegenstand, sondern auch noch vor Ihnen fürchten. Sie sollten lieber versuchen, Ihr Pferd so rittig zu machen, daß Sie es auch beim Scheuen unter Kontrolle halten können.

Das Reiten von Zirkeln, Schulterherein, Schenkelweichen und das Vergrößern des Zirkels lehren das Pferd die Bedeutung des inneren Schenkels.

Wenn das Pferd dann wieder scheut, führen Sie den inneren Zügel in Richtung Ihrer äußeren Hüfte und die äußere Hand in Richtung Scheuobjekt, denn diese Zügelführung macht es dem Pferd unmöglich, dem Gegenstand seiner Furcht auszuweichen. Klopfen Sie ihm den Hals und beachten Sie den Gegenstand gar nicht.

Versuchen Sie nicht, es zu dem Objekt hinzuzwingen; nähern Sie sich ihm lieber wie zufällig, ohne eine große Aktion daraus zu machen.

Ihr Pferd soll Ihnen vertrauen können, also verlangen Sie Gehorsam, machen ihm aber auch Mut.

Schweifschlagen

Ein Pferd, das ständig mit dem Schweif schlägt, drückt damit seinen Unwillen aus – gegen die Schenkel des Reiters, sein Gewicht oder den Sattel.
Es kann aber auch sein, daß das Schweifschlagen Ausdruck eines körperlichen Problems ist, für das der Tierarzt geholt werden sollte. Bei Stuten kann eine Zyste am Eierstock die Ursache sein, eine andere Möglichkeit ist ein Rückenproblem.

Wenn das Pferd jedesmal mit dem Schweif schlägt, wenn der Reiter treibt, sollte er sich um eine dezentere Hilfengebung bemühen. Das Ziel sind nahezu unsichtbare Hilfen, und die wenigsten Pferde nehmen einen leichten Schenkeldruck übel. Eine unruhige Schenkellage kann ein empfindliches Pferd sehr stören. Je mehr das Pferd vorwärtsgeht, desto weniger braucht der Reiter es anzutreiben – Vorwärtsreiten ist also eine gute Methode, das Schweifschlagen zu verringern.

Überprüfen Sie bitte auch die Gurtlage auf mögliche Druckstellen und polstern Sie den Sattel mit einer dicken Unterlage. Pferde können uns nicht sagen, was ihnen wehtut; wir müssen also versuchen, die Hinweise zu deuten, die sie uns geben. Je stiller Sie sitzen und je leichter Ihre Hilfengebung ist, desto weniger Grund hat Ihr Pferd, sich aufzuregen.

Dünnhäutige und edle Pferde neigen eher zu dieser Form des Protestes als kräftige Cob-Typen.

Achten Sie darauf, die Hilfen an der richtigen Stelle zu geben und die Beine nicht zu weit zurückrutschen zu lassen. Mit zunehmendem Ausbildungsstand muß das Pferd immer feinfühliger geritten werden.

Ursache: Reitergewicht oder Schenkelhilfen

Zum Schluss

Die wichtigsten Punkte bei der Ausbildung eines Pferdes sind Gleichgewicht, Takt und Schwung. Solange dies nicht erreicht ist, werden Sie keine Fortschritte erzielen und sich einem Problem nach dem anderen gegenübersehen.

Sie müssen unbedingt verstehen lernen, warum ein Problem auftritt, denn damit ist es schon halb gelöst. Die meisten Pferde arbeiten gern mit, es sei denn, sie hätten einen guten Grund, es nicht zu tun. Außerdem haben sie ein gutes Gedächtnis und verlernen nicht wieder, was sie gelernt haben. Deshalb ist es wichtig, ihnen von Anfang an alles richtig beizubringen. In manchen Fällen versuchen sie, den leichteren Weg zu gehen, wodurch schlechte Angewohnheiten entstehen. Das muß der Reiter merken und darf es seinem Pferd nicht durchgehen lassen.

Jedes Pferd ist anders und sollte seinen Eigenarten gemäß ausgebildet werden, wobei die grundlegenden Prinzipien der Ausbildung allerdings für alle Pferde gelten. Ein gutgerittenes Pferd bekommt man nicht über Nacht, und eine Ausbildung im Schnellverfahren ist auch nicht möglich. Ein Pferd auszubilden dauert lange und erfordert viel Geduld.

Jedes Pferd wird sich an irgendeinem Punkt seiner Ausbildung widersetzen. Dagegen hilft nur eines: eine perfekte Grundausbildung. Mängel in diesem Teil der Ausbildung werden auf jeden Fall zutage treten, sobald die Anforderungen steigen.

Ein Pferd auszubilden kann frustrierend sein, doch in der Regel ist es eine schöne Erfahrung, und wenn Sie irgendwann ein perfekt ausgebildetes Pferd besitzen, wissen Sie, daß sich die ganze Arbeit gelohnt hat.

Buchempfehlung:
K.A. von Ziegner, Elemente der Ausbildung
Leitfaden für den Bereiter junger Pferde

Cadmos Verlag, Bestellnr. 3-86127-322-5